AF505124

believe in US

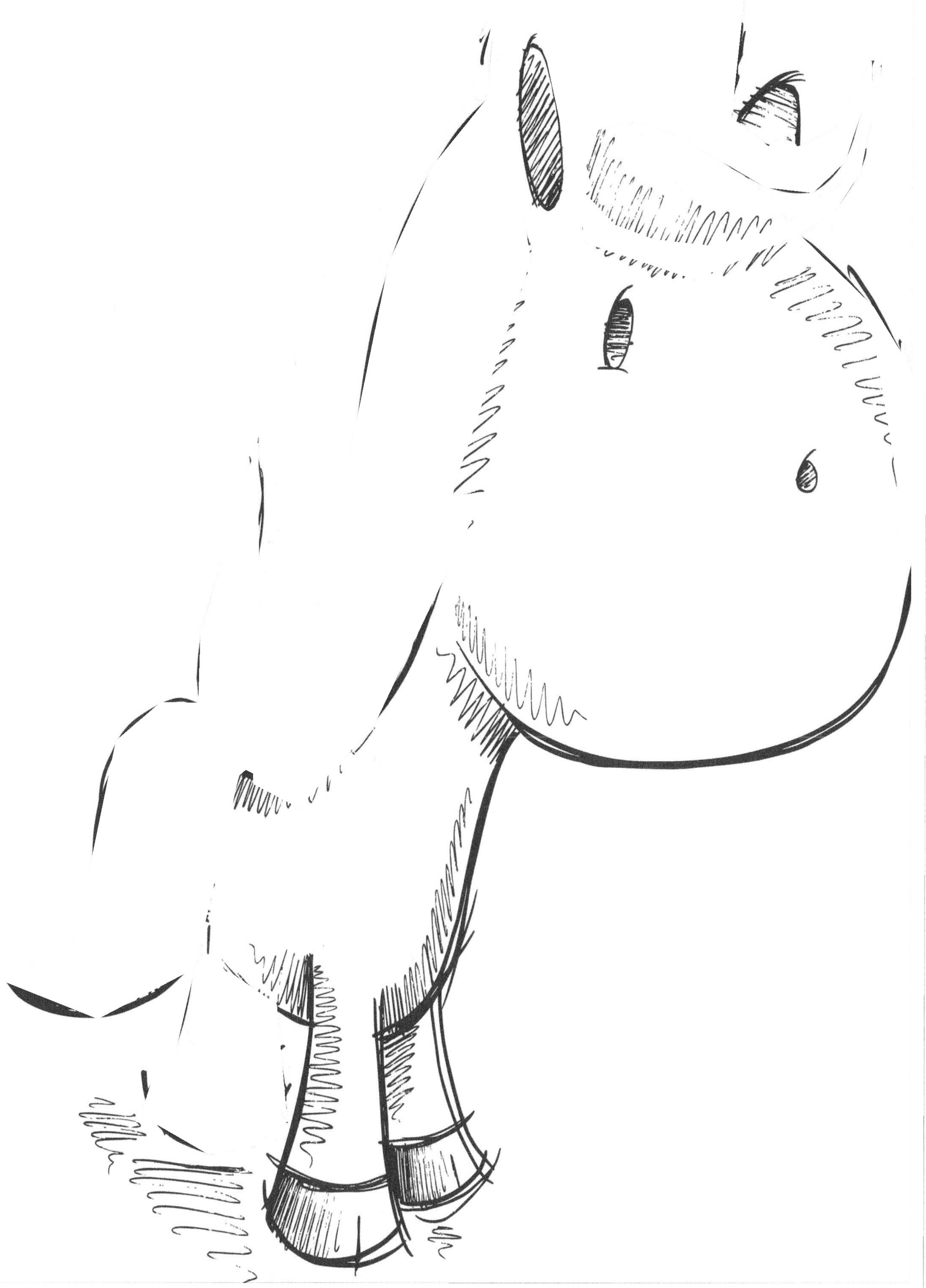

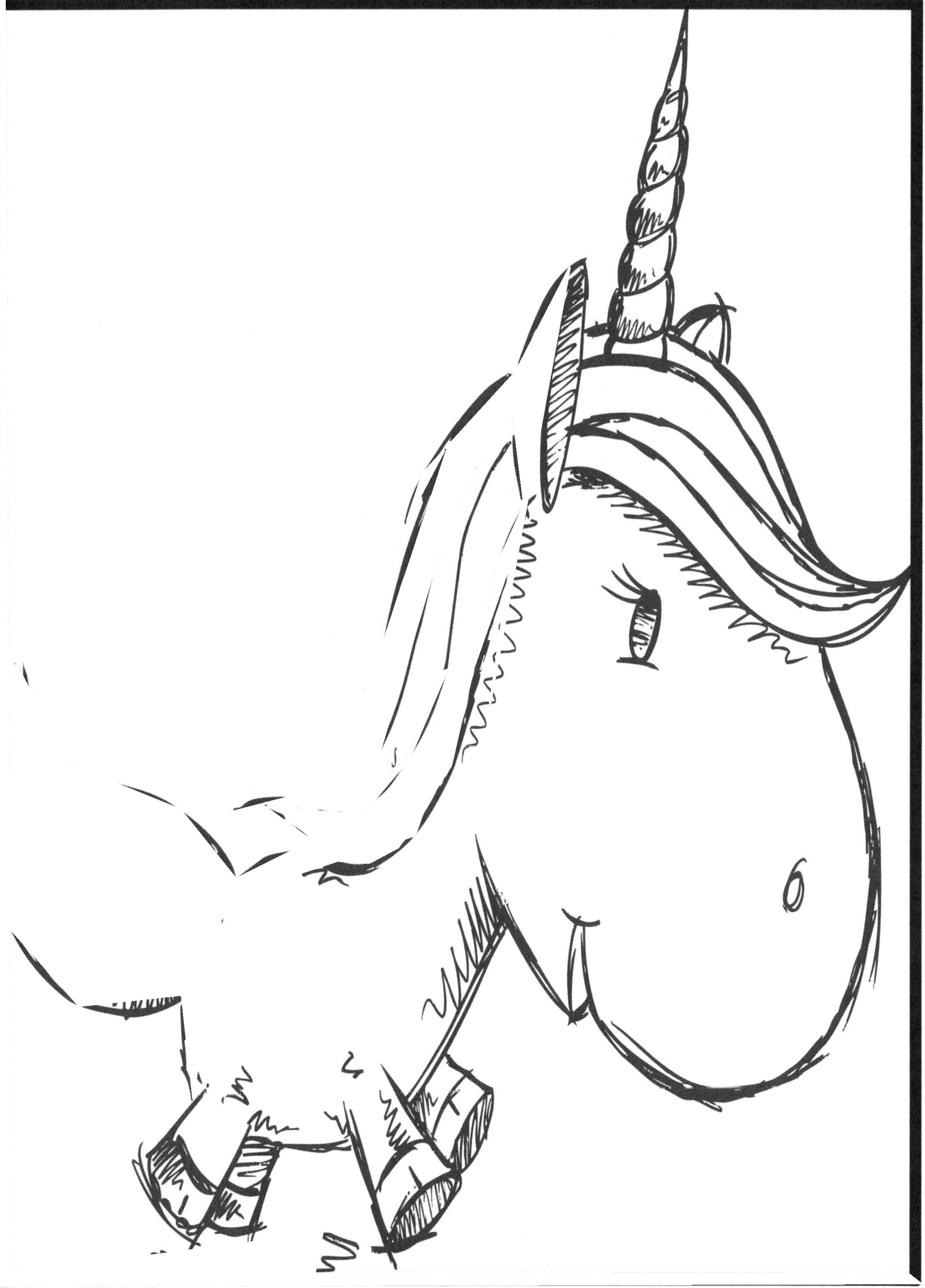

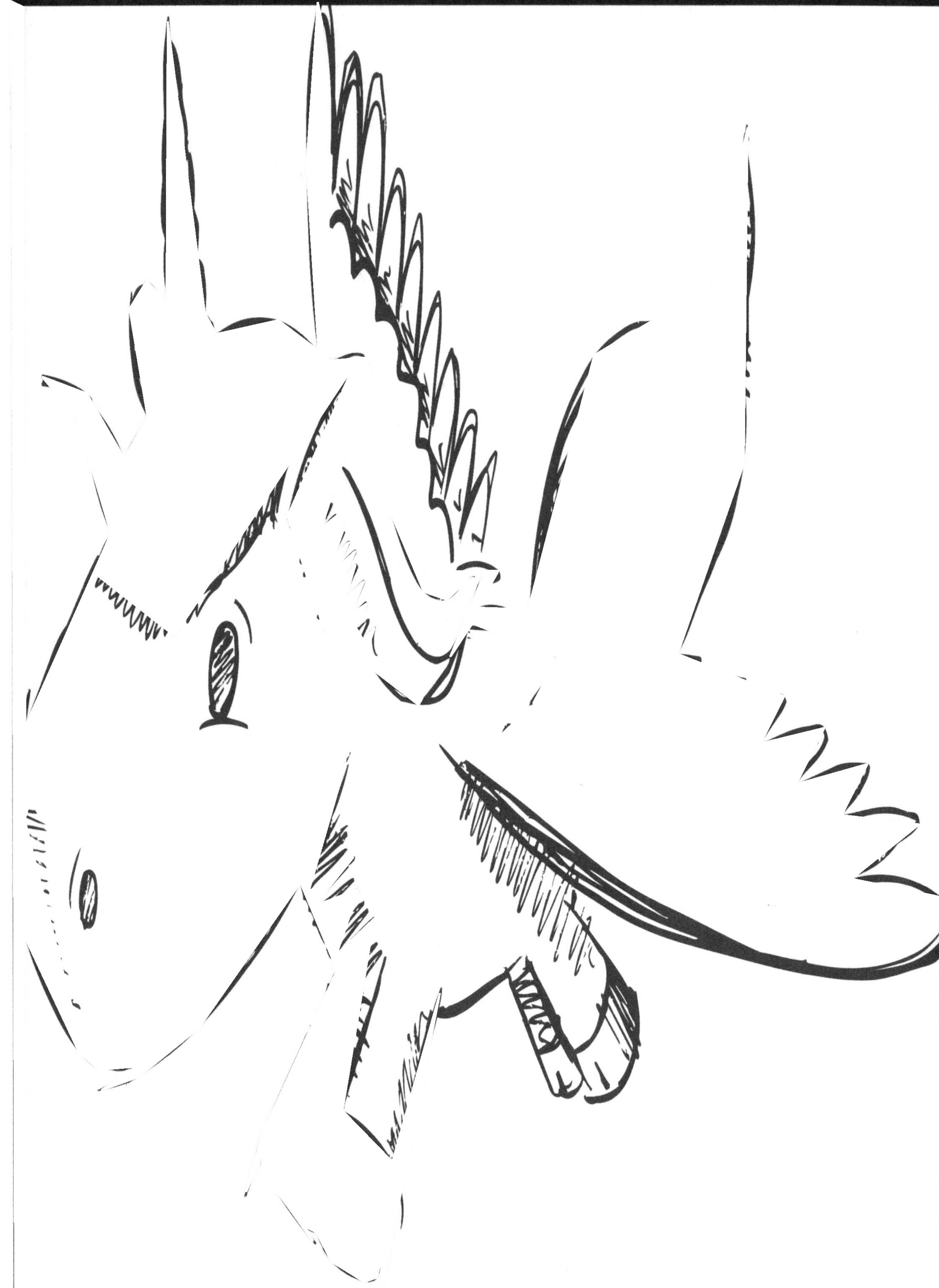

Unicorn

I ♥ U

Little
Unicorn

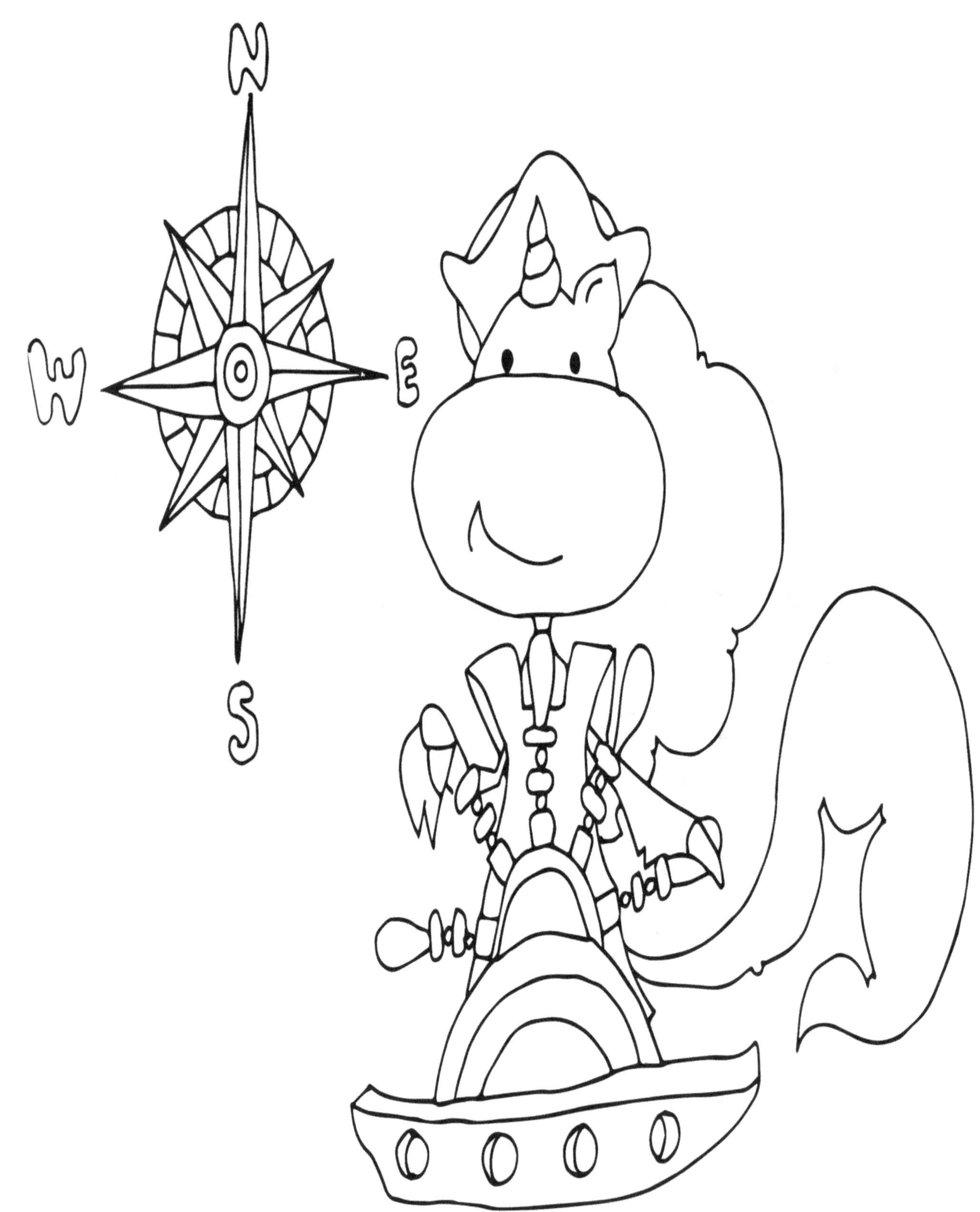

N
W
E
S

HAPPY
DAY
THANKSGIVING

HAPPY
NEW
YEAR

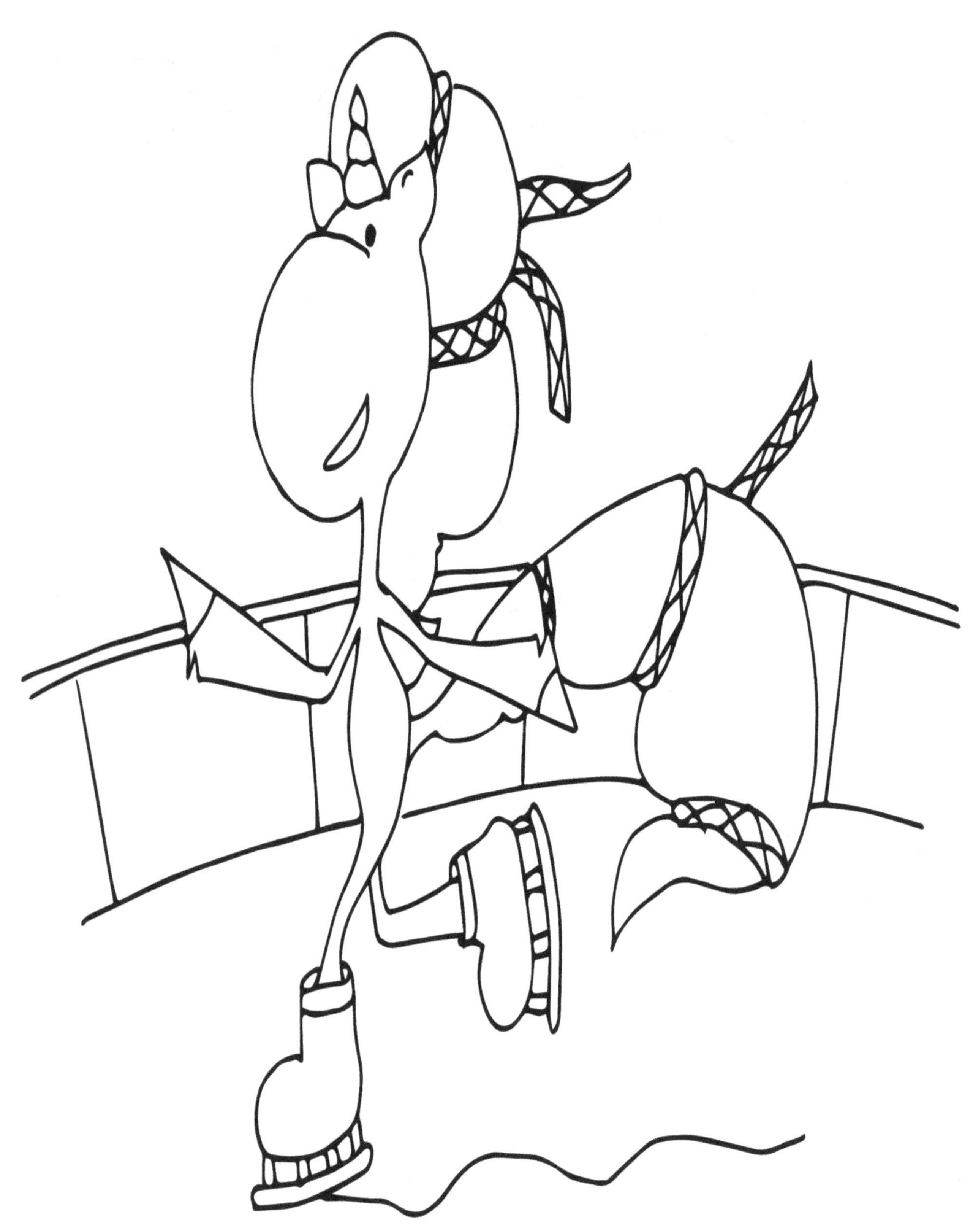

H
O
A
O
P
O
P
Y

Once Upon a Time

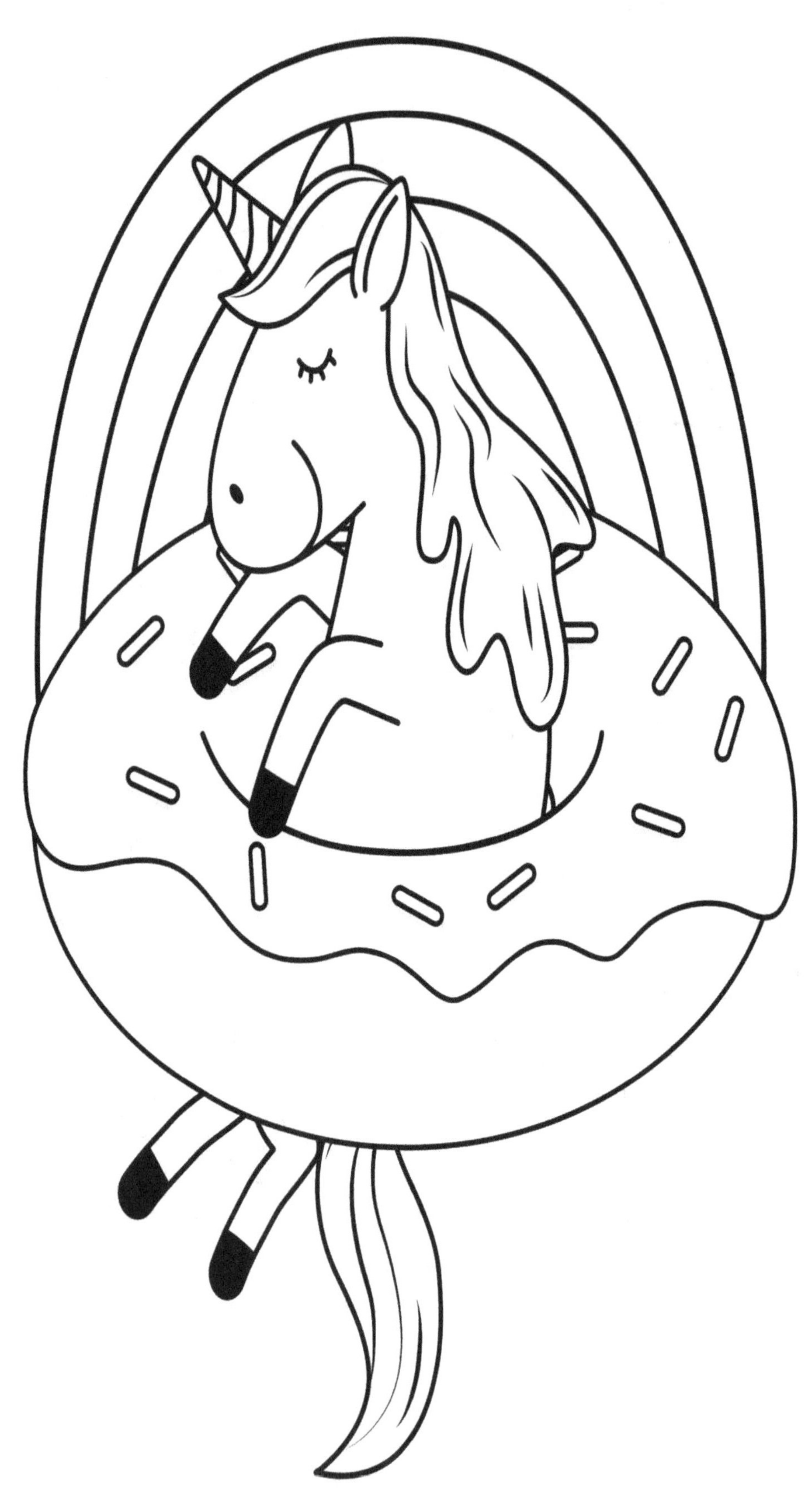